Le Pyrophone

Murielle Lucie Clément

Le Pyrophone

MLC

Du même auteur

Sur un rayon d'amour (poésie)
Les Nuits sibériennes (poésie)
L'Arc-en-ciel (poésie)
Le Nagal (poésie)
Cantilène (poésie)
Spleen d'Amsterdam (poésie)

www.emelci.com

Editions MLC
Le Montet – 36340 Cluis

ISBN : 978-2-37432-012-0
Dépôt légal : octobre 2015

A mes amis

Joyaux d'embruns

I

Argent filé, mercure bruissant s'égrènent larmes à perles dans les ramées bercées des vents. Filigranes d'arabesques, égrisée matinale miroitent en cheveux de fée dans les fils des aubes naissantes auréolées de pastels et d'ors changeants. Irisées d'arcs-en-ciel, moirées de nacres damassées, elles batifolent sous les soleils immobiles des azurs murmurants.

II

Happelourdes des matins sanglants, elles distillent en égoutture les drames nocturnes, s'épanchent sous les voiles des mémoires retrouvées. Tremblotant légèrement, elles parangonnent de leurs pleurs les lisières des grottes cachées, instillent leur fréquence en vagues échaudées, sourdent sous les mousses, suintent des rochers, s'extravasent en cascades, sanglotent en giboulée.

III

Transparentes, irascibles, elles fouettent les psychés blotties aux creux des combes, cinglent les vitraux des cathédrales lunaires, outragent les chanfreins des sphinx dans les valleuses. Averses plantureuses, ondées délirantes, bruines ou crachins, elles se ruent en avalanche tumultueuse, s'épandent en nappe fumeuse au-devant des destins.

IV

Menuaille de frimas, gorgias immaculés, elles parent les futaies, fardent les pédicelles de leurs embrasses mortelles. Insolentes, lestes dans toute chanée des adieux incertains, elles jaspent les verglas d'une patine indécente. Nacelles de cristal, une à une elles s'enkystent en diamants foudroyants, illuminent de leurs feux les ombres des neiges poudreuses.

Papillons d'hiver

I

Chrysalides éventrées, les légers coléoptères aux ailes opalines virevoltent ahuris dans l'air cristallin, s'élèvent en bourrasques sur les haleines frivoles des géants dont la poigne nous broient dans ses avides serres, empoussièrent de frimas les lointains lactescents. Ils s'envolent balayés par les bras de l'hiver, s'amoncellent en tas soyeux de craies satinées, mais durcis, inlassables, ils martèlent les tuiles, de leur rythme insensé, retentissent au néant.

II

Ils blanchissent les nuits alors que nyctalopes mollement paresseux, ils glissent vers le chemin qui sans férir les accueille, vaincu par l'insistance du tapage de leur silence, multitude le parant pour l'hymen en dentelles ajourées épaissies en toison à la trame des heures.

III

En tempête, ils s'affolent, obscurcissent le ciel qui n'est plus que d'argent platiné secoué des gresseries en columelles mâchurées de pointillés blancs. En myriades déchaînées, ils attaquent les vitres, populace cotonneuse encerclant au galop un invincible ennemi qui se dérobe à l'assaut. Ils aveuglent les rapaces perdus dans leurs tourmentes, jettent leur brocatelle tel un filet dément, resplendissent au soleil qui perce leur armée.

IV
Corolles translucides, ils s'évanouissent dans les buées tièdes, effrayantes des dragons. Ils transpercent, grossissent, traversent les flaques, fondent dans les marais, se jettent en pâture aux sillons labourés. Par centaines de millions, ils se blottissent à terre, recouvrent les allées de leurs pauvres corps figés et, doucement, tout doucement à la chaleur conquise, s'éloignent invisibles entonnant leur doux chant.

Souffles divins

I

Légers, ils murmurent les secrets des couloirs interminables, ils bruissent raffinés caressant les parois contraintes, gémissent larmoyants sur les tourelles escarpées, méchamment burinent les croisées. Frileux, ils transitent sous les tuiles, peignent les clochers, s'engouffrent sous les portails pour hurler vers les toitures, arracher les volets, claquer les espagnolettes, rabattre les vantaux, suivre les chanées. Frivoles, ils hérissent les bouvreuils qui se blottissent au creux des pierres.

II

Matinaux, ils torturent les futaies, martyrisent les feuillées, dispersent les ablais, s'infiltrent au fond des acculs. Ouragans de la nuit des temps, ils enlèvent en leurs embrasses les troncs moussus des chênes vicieux. Ils frôlent de leurs ailes, démunissent les steppes, refroidissent les banquises, gèlent les taïgas. Carrousels des branches dorées, ils tourbillonnent aux soirées automnales, geignent en mille éclats le long des vignes, des sarments qu'ils flétrissent à pleine haleine sans besoin des neiges d'antan.

III

Rugissants, ils écartèlent les canyons, aboient dans les ravins, blessent les rochers, polissent les écueils, chantent dans les tourmentes. Ils hachurent violemment les émeraudes des océans glauques et argent, paraisonnent les lames déferlantes de leurs brumes enivrantes, salissent de leurs gifles amères les goémons sanguinolents jetés aux grèves, griffent de leur éloquence les écumes montées en crête. Ils glairent la rocaille, la transforment en gobille. Reniqueurs des lessives flottant aux lignes du firmament, ils gonflent les voilures de leur appétit sublime; charbouilleurs des sables marins, ils charment les épaves.

IV

Ils caracolent en sarabande, échevèlent les brouillards, ébouriffent les nuées. Plus coupant qu'une querce, ils tranchent les falaises. Rageurs, ils sifflent dans les ténèbres. Refoulés, ils halètent devant les seuils bafoués. Transformés en tornade à l'œil ravageur, ils détruisent, saccagent, piétinent, démolissent les cœurs sauvages. Siroccos aux pleurs torrides, ils aplanissent leurs passages, éparpillent en escadrilles les escarbilles des saharas.

Couleur d'amour

I

Quelle est la couleur de l'amour ? Celle d'un rayon ? Un rayon d'amour serait-il doré ou bien tendre ou formé de deux couleurs concomitantes ? Un rose tendre, de la couleur d'un couchant, juste avant qu'il ne se teinte de mauve ou bien de ce rose pâle d'un levant à peine moiré d'orange lorsqu'il vient de secouer l'aube. Pas trop vif je crois. Celui de la rose ourlée de rosée au matin alors qu'elle vient de s'éclore? Au fond de moi il y a ce rose-là qui vient caresser mon âme à chaque fois que je te vois.

II

Quelle est la couleur de l'amour ? Est-elle celle d'un pigeon qui roucoule sur le balcon ? Ou bien est-ce les pépiements d'oisillons nichés dans la haie de thuyas que la voisine ne voit pas ? Je les entends sans les voir, mais je sais qu'ils sont là. Le père, la mère volent d'ici de là en va-et-vient incessant pour les nourrir décemment. J'observe un instant leur manège, je me sens riche soudain d'un cadeau digne d'une reine. Dans cette cité, n'est-ce pas merveilleux de voir une simple haie de verdure receler en son cœur tout le système de la nature ? C'est la couleur de l'amour !

Ensemble

I

L'aile de l'ange a frôlé de ses caresses de lumière l'orangé des couchants qui se noient dans les brumes. Lueur ambrée percée de la croisée de ton regard d'azur, l'irradiation de ton visage qui salue ma venue. Douceur de tes lèvres qui murmurent mon nom.

II

L'émeraude du ciel attouche les saphirs, surplombe l'améthyste d'une indicible ardeur, la chevauche, l'embrasse, me laisse ébahi d'une telle profusion de teintes impossibles qui se mêlent, se révèlent, s'enlacent, me surprennent. Joyaux d'un soir d'été à l'haleine échauffée, qui se veut pourtant doux, libéral, velouté.

III

La nuit s'unit au jour, crépuscule enivrant aux senteurs de lilas, de musc, de sueur, de sang. Tout agitée de pétales d'aubépine tremblant, elle refuse la rosée, rafraîchit les amants nichés au creux des voiles soufflées par les vents qui tendrement éloignent de leur retraite

douillette les curieux, méchants, jaloux de
leur bonheur d'être unis à jamais.

IV

Aime-moi, aimons-nous, chante ces notes
suprêmes qui ravissent les oiseaux. Mon ouïe
rejoint mon cœur lorsque tout près de moi, ta
lyre frémit d'amour.

Les souffles

I

Les curieux sur l'avant de la scène me dévisagent derrière leur loup satiné, couple bleu et mauve aux chevelures dorées surmontées de plumages ébouriffés par la brise. Elle croule sous le poids de ses bijoux, lui lève le bras en signe amical; leur costume lumineux inonde de soleil le cortège divin de mes espoirs nocturnes. Mais, combien sont-ils donc ? Je vois les dentelles couleur marine d'émeraude, transparente en contre-jour où la malachite se mêle à des perles vertes comme l'amour, jade resplendissant de la nuit qui m'appelle, me berce en son cœur pour un repos divin.

II

Au matin je m'éveille saluée par le couple saumon aux tendres camélias dans leur tulle de pêche. Des cristaux de quartz rose s'étalent sur sa toilette; lui, droit tel un césar, me souhaite le bon matin. Ils sont suivis par l'aurore vaporeuse, un duvet qui volette dans les rubis persistants telles les larmes de sang de la vie amoureuse entourée des bras forts du jour son amant. Son cou gracile de cygne s'incline, se balance, m'invite à bondir hors ma couche de lumière, gravir sans tarder les rayons éclatants du bonheur souverain.

III

Sur ma droite ton visage avenant, entouré de tes femmes, surplombe le canal de turquoise tendu. Ta chevelure s'étire dans l'azur éphémère qui bien qu'indiscernable n'en est pas moins présent. Le nœud de ton foulard dissimule les cartes de ta passion qui chevauchent ton cœur sous ta chemise de soie. Tes compagnes alanguies dans leurs atours sublimes, te soutiennent en souriant puisque vers moi tu viens.

Les eaux océanes

I

Elles halètent puissamment, exhalent une haleine iodée que l'on respire bien avant qu'on ne les voie, éparpillent en soupirant leurs embruns au-dessus des falaises, fouettent les parois crayeuses, creusent leurs gargouilles, dégoulinent en bave mousseuse, se repoussent en mugissant. Magiciennes de l'illusion, elles dégringolent en cascades ruisselantes, s'évaporent en un clin d'œil.

II

Elles se giflent, s'abattent en tourbillons évanescents. Fracassantes, elles déferlent en brisants ravageurs, martèlent les roches, arrachent les goémons, matent les aspérités, envahissent les chanées, se dressent victorieuses en un défi tapageur dont l'ampleur majestueuse nous enivre, nous refoule loin des grèves où se jouent les destins.

III

Elles galopent sur la plage, gambadent sur les galets, s'évanouissent dans le sable. Telles des lymphes infinies, elles se répandent en flaques languides, étalent leurs paresseux regrets, navrées de ne point assaillir fougueuses les rides du rivage. Bruissantes, elles découvrent les écailles nacrées qui miroitent au soleil, se faufilent rutilantes parmi les graviers.

IV

Alliées des grands vents, elles débordent sur les boulevards aux grandes malines, les recouvrent d'une chape blanche qui s'éclate en un bruit assourdissant. D'humeur incognoscible, elles effritent les remparts, hébergent les moussillons. Sauneries naturelles, elles rongent les cordages. Telles des aspioles munies de mélanine, elles teintent les jetées sans souci du quayage, renversent les épaves, les laissent toutes pommetées.

Pimbêche

I

Elle me barre le chemin de sa transparence mouvante tel un cristal vainqueur dans une vitrine ciselée. Les biseaux de ses glaces grincent de mille reflets, envoient dans les soleils des arcs-en-ciel en fureur qui se décochent des œillades de rubis, de jaspe, fouettent les azurs de stries d'or, de saphirs, de topaze, d'argent. Alors que j'avance, elle s'écarte d'un bond, se promet d'imiter cette coiffure qu'elle jalouse. Puisque Armide a tressé de turquoise ses cheveux d'ébène ondulant en filet devant ses yeux rieurs, voilés de langueur radieuse.

II

J'observe alors ses boucles, pareilles aux épis blonds courbés sur les adrets par les souffles flatteurs. Elle n'a rien à envier, pourquoi est-elle amère ? Ne lui suffit-il pas d'accrocher à son coude le rhinocéros cornu et le crocodile brillant dont les cuirs polis parfaits en formes curieuses innoveront les toilettes aux yeux de ses admirateurs. Framboise, cerise ou bien mangue mûre; les teintes de la mode l'entourent de leur chaleur.

Regard

I
Si tu regardes la lumière, la beauté est partout. Dans le ciel, bien sûr, à l'heure où l'horizon s'en va, mais aussi dans la teinte nouvelle des réverbères en bas.

II
Vois les vitres qui s'éclairent, les carreaux verdissants, où luisent, juste derrière, les ombres de tes frères, les gisants.

III
Chaque ampoule est un flambeau, chaque lampe une torche. Le mauve strie l'azur qui n'est plus d'un couchant, dans lequel clignotent les ailes de gros oiseaux vrombissants.

IV
Des néons alors s'allument, tout va s'obscurcissant, mais la beauté est partout si tu regardes la lumière.

Paysage de la Tour du veau

I

Droit devant les tours, les tourelles du musée national qui abrite les chefs-d'œuvre, mille fois admirés, que l'on admirera encore. Plus loin, là-bas, au loin, des grues de construction dressent leur squelette criard dans le brouillard et, aboient au ciel caché dans lequel crient les avions, monstres ailés, monstres d'acier qui pèsent en ligne droite sur l'horizon enfoui parmi la grisaille confondue à l'ardoise des toits.

II

Sur ma droite, les coqs des girouettes, perchés sur les flèches de l'église se hérissent dans le vent, résistent à la tempête, grincent, lancent leurs ors polis, érigés en vainqueurs au-dessus des ogives grises sans vitraux, sans couleur, sans saveur, mornes, stricts, trapus édifices où se réfugie la foi se disant détenir la vérité depuis la nuit des temps.

III

Les toits rouge-hurlant prétendent représenter l'ancienneté, dissimulés derrière les façades restaurées, voulant nous faire accroire à la pureté d'un style depuis longtemps révolu, ville fantôme s'il en fut. Pleurs de folie, de fausseté, de fatras; de beauté, toutefois, pour qui sait regarder.

IV

Çà et là, des touffes de verdure surmontent les roideurs, des courbes se révèlent. Avec la patience des secondes s'égrènent, se muent en minutes, lorsque passe silencieux le héron aux pattes tendues, balayées par ses ailes qui claquent dans les airs. Plus près encore, à le toucher de ton bras étendu, se dresse le lion doré, coiffé de sa couronne. Sur ses pattes arrière, la langue pourpre tirée, sabre au clair, il défie la cité.

Mer du Nord

I

Les vents hurlent d'amour sur les plages brumeuses, dévastées par les eaux qui rugissent au loin, emmènent en tourbillons éperdus de douleurs les mouettes affolées, criardes qui piaillent, déchirent l'écho de leurs stridences éberluées.

II

Alvéoles ridées de quartz étincelant dont chaque épée fourrage, fouaille, se bat contre le néant. Le sable courre sur les dunes fleuries par les ajoncs dressés tels l'armée enfouie du peuple d'un roi géant.

III

Mon corps appelle ton corps, ma bouche appelle tes lèvres, mes yeux ruissellent de larmes comme les pleurs du ciel se mêlent au creux des vagues, récurrents synonymes de l'éternel retour qui inclue en pensée les éternels départs.

Aperçus de réalité

I

J'ai embrassé le ciel de la nuit faillissante,
fleuri d'étoiles, l'aube m'a serrée dans ses
bras d'aurore. Le soleil de ses murmures m'a
annoncé le jour, les nuages striés d'or m'ont
révélé mon âme, fidèle compagne de mes
solitudes enivrantes. Ensemble, nous courons
sur les lacs moirés où s'ébattent follement les
cygnes jonchés de fleurs frôlées des abeilles
de velours bruissant, dont les miels embaumés
odoreront ma table. Nous butinerons les
nénuphars aux racines envasées, corolles de
sagesse aux secrets partagés, blancheur
nacrée, doux pétales laiteux sur des feuilles
d'émeraude, refuge pour grenouille luisante
aux grands yeux ronds lassés. Les lys sur les
rives lointaines enfouies sous les roseaux
plumés, claironnent le jour naissant, scandant
nos pas trépidants sonnant l'hallali des
tristesses, des heures d'oubli.

II
Portés par les zéphyrs enrobés de fragrances

subtiles, nous montons à l'assaut des rayons salvateurs, vrombissant de lumière, à demi aveuglés de bonheur, de joie, nous saisissant enfin des lueurs amères, pleines d'incandescences, de fureur bleutée. Soulevés par les lames meublant les flots d'argent, nous atteignons la lune qui nous berce doucement. Elle nous conte jadis, nous montre naguère, découvrant les futurs en parlant des passés. Dans les profondeurs de ses eaux hurlent les carpes prisonnières des cristaux ruisselants miroitant de reflets. Magie des poésies gravant dans les nues ce que les hommes croient voir et qui m'est apparu. Les diamants des vagues rutilent, endiablés dans le sillage d'une barge aux flancs éperonnés. La cavale hennit sur la rive opposée, défiant les cavaliers de jamais l'enfourcher.

III

Mon cœur affolé se calme, se tait, apeuré dans le soir par la lune éclairé, il scrute l'ultramarin de la nuit argentée que griffent les grands arbres aux cimes aiguisées. Giflées par la vitesse des sillons des bolides, grisées par les vapeurs des engins élancés, les ombres déguisées en monstres étourdis, s'effarouchent et s'enfuient à l'approche des villes. Les lointains miroitant de scintillantes étoiles voudraient faire croire encore aux brutes festivités des danses endiablées en farandoles tournantes, issues de civilisations aux armures trouées. Des gouffres de lumière surgissent du néant, trous béants de douleur, charriant l'insanité d'un monde sans compas dérivant dans l'éternité, brassant les maux rompus de toute l'humanité. Des quais déserts plombés, des wagons gémissants, des rails surchauffés, l'indigo falsifié des néons hurleurs croassent sans répit, se voudraient couleur, brandissant leurs lueurs criardes, leurs senteurs glacées. Des chairs tuméfiées aux squelettes boursouflés supplient des adieux aux flammes des brasiers. Les réverbères fatigués pleurent leur clarté dans les cieux embrouillés de lettres rouge sang, de phares dorés, évanescence luisante des autoroutes sacrées. Les fragrances refoulées des gratte-ciel ployés se baignent dans les dômes des citrons allumés. Tristes odeurs des soirs qui se veulent d'été. Un chapeau feutre paille volute la fumée, s'envole en riant, charme le convoi déluré. De l'autre côté de la vitre, sans compromis aucun, des environs cachés la nuit s'est emparée. Mon cœur ne voit plus rien, tout désemparé, il cherche le sommeil, part en randonnée.

IV

L'éternité d'azur me parle de grèves farouches où des chevilles mutines foulent les quartzs dorés que des vagues démentielles aux flots forcenés ont battu à plaisir d'un ressac endiablé. Les ors s'entrelacent aux nacres irisées dans les vapeurs moirées, inexorables lueurs des lointains enfumés, à demi disparus dans des courbes voilées.

Eternel présent

I

Sous le regard naissant, ils apparaissent, se composent, ils s'imbibent des lueurs de l'aube toute de vernis moirée, ils se lovent, s'enroulent et se déroulent, se nichant au creux des brises, ils bondissent, ils disparaissent, ressurgissent en ellipses enchevêtrées, défiant les lois cryptiques de la créativité. Craintifs, ils s'emmitouflent de grands mystères, puis, rejetant leur castorine, se fendillent, se craquellent, se fissurent, se fendent, se lézardent, se crevassent et enfin s'ouvrent, se fondent, se livrent, s'effondrent tels des vagues émergeant d'un ciel fougueux fouetté à sang. Grands dragons somnolents aux naseaux vaporeux, ils reflètent mille soleils aux crépuscules vainqueurs. Laiteux, ils s'amalgament en bouillonnements et tourbillonnent à satiété dans des discours grandiloquents que leur soufflent les bourrasques. Ils nous parlent et nous racontent, ils nous avouent leurs secrets, nous annoncent leurs espoirs, devisent sur le temps qu'il fait, ils nous murmurent la nuit des temps, ils nous susurrent le temps retrouvé, ils chuchotent le temps perdu, ils hurlent aux temps bénis; exaltés, ils chantent à pleine peine d'inénarrables temps sacrés. Ils circonvolutent en fumée brumeuse, ils grandissent, vieillissent, font peau neuve, se déguisent, se modifient, ils se bouleversent, ils se malmènent, ils chahutent indisciplinés. Légitime troupeau des Dieux, ils se disputent; se bousculant, ils chancellent, ils s'éparpillent en éventail et, s'égrènent en un instant pour rejoindre le néant.

II

Ils s'entredévorent dans les dunes du ciel, se déchirent en sarabandes affolées sur les lunes brûlées. Ils s'embrassent, ils s'étreignent, ils s'étirent, ils s'envolent, ils se dissolvent; filets neigeux des insaisissables immensités. Leurs doigts crochus crayeux lacèrent les horizons inquiétés où se réverbèrent lointaines, éphémères, les réminiscences des passés. Ils s'immiscent dans l'azur qui ne peut les repousser, le violentent, le labourent, le dissimulent et l'absorbent, le masquent et le dérobent. Ainsi, ils éjaculent en trombe et fécondent océans, champs et marées. Satisfaits, ils se mirent dans les lacs et se fondent aux banquises. Exagérément, incoercibles, ils chavirent menaçants, transforment les plus cordiaux profils en des masques grimaçants. Épuisés, ils se teintent de damassés chatoyants, annoncent les soirées de bal. Ils courent sur les ors, valsent sur les aciers, balayent sans vergogne de graciles cicatrices dans les arcs-en-ciel des bleus embués et, doucement s'évaporent en brumes légères, disséminés par les explosifs couchants.

III

Là, c'est une cavalcade sanglante, où les crinières opalines affriolantes, les queues ivoire ébouriffées se mêlent aux sabots éculés fumants. Tels des hordes blafardes échevelées, ils dévalent à pleines courses, les déclins blêmes, ils se frottent aux gratte-ciel, se rejoignent derrière les tours, se séparent. Las, ils se retrouvent en des volutes d'acanthe lactescentes de langueur dépravée, se poussent, se bousculent, rient à buée déployée; plus loin encore, des tourbillons blanchâtres indécis et rageurs, naissent des êtres fantomatiques dans des fantasmagories délirantes de beauté carnavalesque, percutant

dans leur force de pantomime burlesque des
pantins désarticulés virevoltant dans le plomb
de l'acier grivois. Ils démantèlent les
sommets, frôlent les clochers; ces grands
oiseaux livides aux envergures pâmées de
madrures, traînent leurs ailes crème
décapitées et sèment leurs plumes de perles
patinées au zénith déchiqueté: virginal duvet
jeté à l'envolée.

IV

Faciliformes repaires des aspioles, ils se
déchaînent aux grandes malines, s'amadouent,
se séduisent, ils s'enchantent, se guettent, se
tyrannisent, se courtisent, se chevauchent. Ils
s'enfourchent, ils s'accouplent, ils s'empalent
par-devant, se décapitent, se crucifient pour
l'amour d'un petit vent. Infatigables
réseleuses, ils batifolent, offrent et présentent
leurs dentelles éthérées, écume moussante
d'une aube de levant. Ils se suggèrent, ils se
touchent, ils se frôlent, ils se caressent, ils
frémissent, ils s'enlacent au gré d'un souffle
papillotant. Ils tremblent, ils tressaillent, ils
sursautent, ils s'évanouissent tels des vierges,
en voiles de faille parées, au tournoi de leurs
amants vaincus. Pareils à des obélies

délaissées sur des berges bafouées, ils s'étiolent alors à devenir transparent. Ils s'effilochent, ils s'embobèchent, jouent à cache-cache, tête-bêche se découvrent au firmament. Ils papillotent, ils s'étourdissent en longs écheveaux se dévidant, ils se colorent de lamés ambrés, ils se souviennent d'images troublées de vérité immaculée.

Les nuages strapassent l'appel du mystique, l'étalent en fil d'argent, traçant des signes cabalistiques dans le mercure pâlissant.

Fol amour

I

Les arcs-en-ciel embaument d'éblouissantes saveurs les pages de mon désir. Je plonge dans une myriade de couleurs existentielles, fleuries de pourpre et d'or, lorsque tu me caresses de ta pensée virile, illuminant d'étincelles crépitantes et tendrement sauvages, l'ignition de mon corps aux ailes déployées, survolant la langueur assoupie de ton humeur badine. Je me noie de délices dans ton onde nacrée, pâmée par ta faconde au débit argenté. Je me laisse emporter sur le croissant magique des zéphyrs frissonnants, douillettement lovée au zénith fulgurant; une plume se jouant de toutes les tempêtes. Des éclairs bleuissant savamment s'entremêlent aux oranges moirés des ambres du couchant. La terre et le soleil s'unissent à l'horizon, de leur union fébrile émerge l'amour naissant.

II

Nous laissant balancer sur les flots chamarrés de l'extase conquise, je jouis pleinement emportée sur les voiles d'une odyssée irisée.

Nos regards embués de douceur partagée, nous révèlent le monde dans sa splendeur glorieuse. Les humains sont des anges de bonté attendrie, concourant au bonheur de nous savoir unis. Les foules nous baignent de leurs doux murmures, clapotements ravissants à nos ouïes épanouies. Emprisonné dans son carcan, mon cœur exalté voudrait s'échapper, lorsque endormi à mes côtés, je scrute, sur ta face au repos, les cicatrices de tes paupières fermées trahissant de tressaillements fébriles, les divinités régnant sur tes songes enfiévrés. Protégés dans notre édicule invisible du monde, le kaléidoscope de nos moments sacrés danse une ronde subtile dans nos âmes enflammées. Le réveil est une rose ourlée de rosée, offerte sans pudeur à nos corps assoiffés.

III

Une fissure légère craquelle la voûte lactée de nos aurores embrasées. D'irradiantes nébuleuses les traversent au gré des vents des paroles prononcées. Les lames se crêtent d'écume emportant les ouragans de nos désirs affadis. Les bourrasques dénudent les branches de nos élans trépassés. Les éléments déchaînés arrachent notre refuge, nous laissant pantelants, ahuris. Les foules menaçantes nous séparent en hurlant. Les visages criards, déformés et lugubres, brisent les ailes d'Amour à terre vaincu, impuissant, désarticulé.

IV

Un crêpe noir défigure le soleil endeuillé. L'horizon vomit des nuages goudronnés, parsemés d'éclairs rageurs crevant d'éclats zébrés les torrents bouillonnants des colères assouvies. Les ondées fulgurantes transpercent mes yeux salés de leurs gouttes acérées, me rendant aveugle de ne plus te voir. La foule morveuse bave ses pensées acerbes et insensées. Recroquevillée, immobile, haletante, sans un geste plus oser, j'attends le prochain départ qui ne saurait durer.

V

De douleur apaisée renaît en moi l'espoir. Laissant loin derrière moi les marécages bourbeux aux traîtres sentiers, je foule les quartzs brillants des plages du plaisir, léchées par l'onde sereine des mers de volupté. L'aube avenante et pâle faisant de légers adieux à la lune famélique, m'annonce le jour nouveau porteur de mille délices, résurrection innée de mon âme vagabonde me conduisant aux portes de l'enfer sacré. Je revivrai sans toi les féeries suprêmes sans jamais craindre encore de te perdre à jamais.

Initiation

I

Ganymède, fils de Tros, le fondateur de Troyes, était si beau que Zeus revêtant les traits d'un aigle l'enleva pour l'Olympe, où il devint l'amant des dieux. Immortalisé au ciel de la nuit noire, il rutile des feux scintillants de la constellation du Verseau.

II

Les nuages entourent la maison haut dans le ciel. La mer est en vue, mais les flammes de l'incendie dévorant devront être traversées pour retrouver le chemin de la Montagne menant au Bouddha.

III

Partir pour le désert, embrasser le feu, traverser le brasier, à demi asphyxiée par les sombres volutes incandescentes tournoyant dans la fumée striée orange, atteindre la cascade se fracassant sur les roches moussues. Se rafraîchir aux gouttes irisées de soleil et, enceinte de mille nouveautés, rencontrer le second esprit, l'âme sœur, le frère jumeau ; se fondre avec lui dans le passage de la queue du paon.

IV

Que le voile se déchire et révèle la grille, seule me séparant de l'immense éternité. Escalader l'escalier de marbre, aller cueillir l'Iris en fleur. Iris sœur naturelle des Harpies, descendance de l'hymen des Flots et de la Terre. Iris qui me verse l'or que j'ai semé à toutes les marées. Dans les vents cardinaux, l'or me revient sur les ailes déployées d'Iris qui me conduit à la chambre au trésor, me pousse de l'autre côté du miroir traversant les deux pôles.

V

Le Bouddha-Phœnix pourpre d'or descend sur le château de la mort. L'amant cavalier apporte la délivrance tant attendue et, le soleil inassouvissable provoque les feux d'artifice bariolés. Ressortir brûlée, carbonisée, capable enfin de franchir la grille et la porte grandes ouvertes.
- Écoute, dit Bouddha, écoute et assieds-toi. La lumière t'apparaîtra."
Merci King of Africa.

VI

Je pénètre dans le soleil, y rencontre ma réflexion. Les divergences sont effacées. Bahirav, dieu de l'astre diurne me coiffe de mon masque d'or avec un seul ciel. Craindre de ne recevoir de la poudre dans les yeux; l'aveuglement étant le danger encouru. Ma prière alors s'élève sereine et sincère dans l'azur sans fin: Aide-moi à percevoir les humains tels qu'ils sont.

VII

Retour à la base. Retour aux gammes qui doivent se transformer en or pur et s'éveiller aux aurores. Écouter le coq d'or et le rossignol d'opale. Écouter et chanter. Chanter dans le tunnel. Chanter. Mon deuxième corps est né et, le troisième suivra. Chanter dans les plumes de la queue de l'oiseau de paradis, car le rouge est le but. Chanter pour ne pas avoir peur. Chanter à tue-tête. Chanter à pleine voix. Le chant, le seul langage parlant de cœur à cœur.

Inflexions lyriques

Sublime, inaltérable dans son intégrité, elle vient des profondeurs les plus obscures de l'inconscient, apportée sur les vents de la mémoire atavique.

I

Mystérieuse, elle chuchote les secrets, murmure les mots d'amour, susurre les paroles tendres, les fadaises, les hommages, braille, brame, les lamentations. Joyeusement, elle gazouille, babille dans le cœur des jeunes enfants. Elle roucoule les rengaines, bafouille, marmonne, balbutie, bredouille platement les excuses. Les injures, elle les grommelle, les vocifère, les tempête, les profère, les projette dans le vide indéniable de la déraison, anéantissant les arguments contraires. Furieuse, elle prononce sciemment les traits qui blessent, crie les désespoirs, hurle les angoisses, tout en sachant implorer les pardons.

II

Au collège, elle débite, anone, récite les leçons. Juchée sur une cathèdre, elle discourt, pérore, jargonne, catéchise, distribue la connaissance. A l'église, elle défile les chapelets, rabâche les antiennes. Elle tonne les imprécations, s'égosille dans les interdits, baragouine les formules, bégaie avec impatience. Lors de célébrations, elle entonne les hymnes. Aux inaugurations, elle déclame, braille les discours. Gauloise, elle grasseye au septentrion. Apanage des vieillards, elle chevrote. Quelquefois, elle zézaie sur les dentales, zozote disent certains, blèse d'autres. Benoît la fit nasiller un Requiem par deux fillettes pubères. Les foules, elle les harangue. Familièrement, elle devise, verbiage, jabote, cause, jase, bavarde, jacasse, patauge. Toute d'harmonie, elle opine ou préopine alors.

III

Recueillie, elle psalmodie les prières dans l'ombre fraîche des cathédrales. Libre, elle vocalise, lie, vibre, coule, porte, file, trille, donne à l'opéra, interprète au théâtre, chantonne, fredonne les berceuses, beugle à tue-tête les airs favoris. Tour à tour, on la trouve rauque, sépulcrale, caverneuse, nasillarde, grêle, cassée, enrouée, avinée, éraillée, traînante, graveleuse, voilée, sourde, tonitruante, de Stentor, de rogomme, aphone, de gorge ou de tête. Innombrables ses possessions s'accumulent : un filet, un chat, un voile, un timbre, une intonation, un débit, un accent, des registres, une mue ! Mécontente, elle rognonne, ronchonne, marmonne, marmotte, barguigne et grogne, mais humble dans la tristesse, elle implore les pardons. Elle s'adoucit dans l'amitié, se baisse en fin de phrase, se hausse pour questionner. Incertaine, elle sombre dans la faiblesse, bourdonne de l'inintelligible. Guillerette, elle s'élève dans les airs lorsque pleine de gaieté.

IV

Souveraine incontestable et incontestée au domaine des ondes sonores, l'étendue de son royaume s'étale du timbre à l'accord, du ramage à l'organe. La portée de ses émissions escalade les registres. Elle règne sur le plain-chant, la mélodie, la mélopée, les airs, les morceaux, les grands airs. Sans elle, qu'est-ce qu'une chorale, un chœur, un cantique ? N'est-elle pas essentielle aux motets, à l'oratorio, à l'ariette, aux roulades ? Primordiale également pour la cantilène, la romance, la complainte, la chansonnette ? Indispensable à la cantate, l'aubade et la sérénade des amoureux ? Le grégorien lui rend hommage, adule sa prépondérance. N'est-ce pas elle qui, pour rompre le mutisme, ouvre les bouches, module le verbe ?

Invisible, insaisissable, intangible et ineffable, la Voix, divinité impalpable, répudie l'inéluctable silence vital à sa réalité.

Messe internationale

I

Ta lumière se confond aux rayons du soleil. Des bougies s'envolent les âmes de suppliciés. Les sœurs, sur les bancs telles des corneilles impavides, chantent de leurs voix d'anges esseulés pour ta gloire infinie toute d'or et d'orgueil, de bois doublement béni.

II

Frémissement froissé de plis de textiles remués. Debout là-dedans ! La cloche sonne et le vieillard à calotte rose au-dessus de sa chasuble vert pomme avance, suivi d'une barbiche en longue robe blanche à demi voilée par une pèlerine d'encre. Les voix à nouveau s'élèvent incertaines, accompagnées par les orgues grinçantes malmenées à contretemps.

III

Marie, impassible, berce éternellement Jésus. Elle en a entendu bien d'autres au cours des siècles ! Une messe internationale ! La calotte rose déblatère en allemand, les applaudissements fusent. Une porte grimace, un ponte a pris la parole !!!

IV

Les enfants de chœur, tout en blanc, frisent la cinquantaine et plus. Les petites sœurs font un pèlerinage. Avec leurs économies, elles ont loué la basilique, aussi leur évêque chéri annone la messe en cet endroit célèbre dans les annales abyssales. Quelques touristes perdus se trimbalent avec nonchalance, ne prétendent même pas suivre les rites du culte. Un photographe de service enregistre l'évènement.

V

La corneille crachote à son tour dans le micro ce qui occasionne une explosion d'amen fatigués.
Malgré tout, le cœur n'y est plus. Les réformes n'y changeront rien, pas plus que les petits vins blancs de la collation dressée sur les tables de bois dans le jardin du presbytère avec vue sur le cimetière.

VI

Alléluia ! On entonne quelques mesures de la messe de Berlioz, puis on enchaîne sur Haendel. J'aurai bien aimé Mozart aussi, mais pourquoi se plaindre puisque c'est le tour de Fauré !

Table des poèmes